P. 21.

de M.e F. Boehm.

Le voilà cet enfant, qui vous à fait tant de mal, qui trouble la paix de vos jours !!

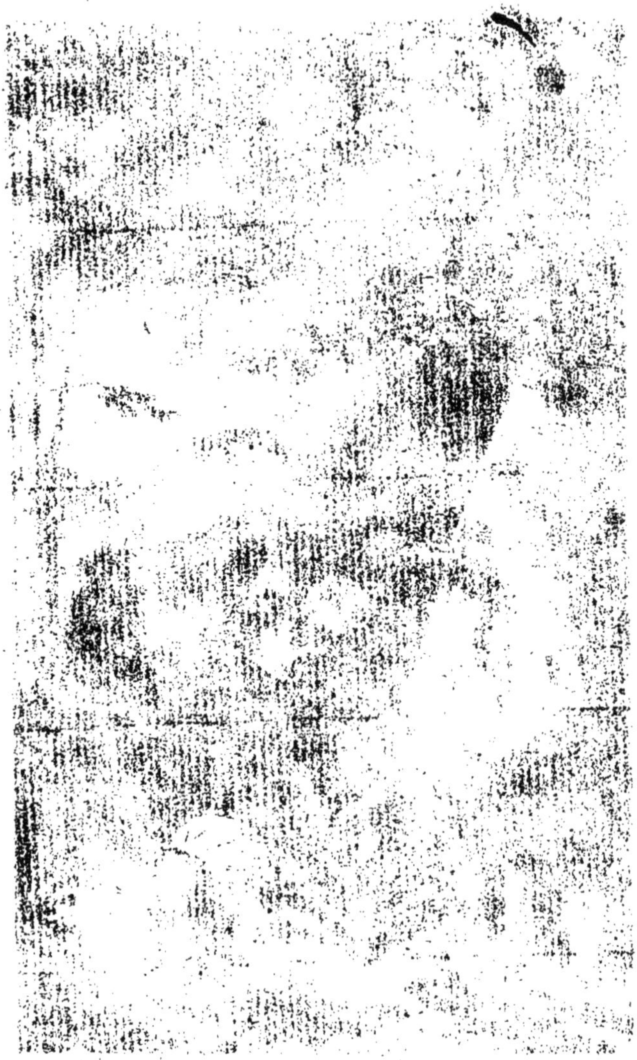

LE PASTEUR OBERLIN

OU

LE BAN-DE-LA-ROCHE.

SOUVENIR D'ALSACE

DE Melle FÉLICIE T***

PUBLIÉ

PAR M. AM. T***

STRASBOURG,
EAN HENRI HEITZ, IMPRIMEUR-LIBRAIRE.
1824.

LE PASTEUR OBERLIN

OU

LE BAN-DE-LA-ROCHE.

SOUVENIR D'ALSACE

DE M.ELLE FÉLICIE T***

J'AI fait en Mai 1824 un voyage en Alsace. Ma qualité de femme ne m'a point empêchée de recueillir quelques observations. Mais elles sont légères, d'autres diront frivoles. Je les donne comme de simples souvenirs et comme un tribut de vénération que j'acquitte envers un vieillard que toute l'Alsace révère; envers un Sage qui, ayant consacré sa vie entière au bien-être de ses semblables, aura aux yeux de la postérité le mérite bien rare, de n'avoir pas joui d'une haute réputation pendant la longue carrière qu'il a parcourue.

J'étais partie de B*** avec ma mère, pour aller voir mon frère qui a établi sa demeure à Strasbourg. Il nous produisit dans la société; nous fit voir les monumens remarquables de la ville, les établissemens d'utilité générale; nous parla avec ravissement du caractère bienveillant, doux, hospitalier et à la fois noble des habitans; enfin ne nous laissa rien ignorer. Non satisfait de nous avoir initié dans les mystères de l'administration du département et dans ses calculs de statistique, il voulut nous faire visiter la partie montagneuse de la Basse-Alsace, qui, selon lui, ne souffre de comparaison, qu'avec les plus beaux cantons de la Suisse.

Il fallait se disposer à un voyage qui pouvait être pénible pour des femmes, surtout dans une saison, où la fonte des neiges, au milieu des montagnes, n'était point encore à son terme. Ma mère s'excusa sur sa faible santé et ne voulut point être de la partie. J'hésitais, mais mon frère me dit: „Ma sœur, si nous avions vécu, jadis, dans cette province de la France méridionale, où l'homme peut à peine tirer des landes qui couvrent son terroir, la nourriture nécessaire à ses besoins; si je t'avais dit: vois-tu là bas ce modeste hameau, cette chaumière plus modeste encore? c'est le berceau de Vincent de Paul.[1])“ — Ah! mon frère, m'écriai-je,

---

1) St. Vincent de Paul est né dans les environs de Dax, département des Landes. M. le Comte de Puy-

je me serais précipitée sur les pas de ce grand homme, et j'aurais plus admiré son berceau que le palais des empereurs! — „Eh bien, reprit mon frère, je veux que tu connaisses un vieillard déjà célèbre par les mêmes vertus qui ont illustré Vincent de Paul; qui a tiré de la barbarie un peuple séparé du reste des humains par de hautes montagnes; un peuple, il y a cinquante ans, pauvre et presque sauvage, aujourd'hui florissant dans sa rustique simplicité, poli et soumis à Dieu."

Ce discours excita ma curiosité et leva tous les obstacles qui s'opposaient à mon voyage. Nous invitâmes un de nos amis, M. P***, à nous accompagner; il y consentit; on me donna un cheval; ces deux messieurs marchèrent à pied à mes côtés.

Rien n'est plus agréable que le chemin que nous suivîmes. En sortant de Strasbourg, nous vîmes s'ouvrir devant nous les magnifiques plai-

---

Ségur a ouvert en Mars 1824 une souscription en faveur d'un monument à ériger au héros de la bienfaisance. Cet administrateur s'est emparé d'un titre de gloire trop peu senti par la multitude, celui de réparer l'ingratitude des hommes et d'en effacer le souvenir aux yeux de la postérité.

nes de l'Alsace. Les nombreux canaux qui les coupent, y répandaient une douce fraîcheur ; une récolte naissante animait leur surface ; des plantations d'arbres, jetées ça et là, rompaient la monotonie d'une trop grande uniformité, et dans le fond, j'apercevais la chaîne des montagnes que l'on m'avait tant vantées.

Nous ne tardâmes point à suivre la digue d'un canal, alimenté par les eaux du torrent de la Bruche et creusé par Vauban, pour le transport des pierres qui ont servi à la construction de la citadelle de Strasbourg. Mon frère me dit que la Bruche prenait sa source dans ces mêmes montagnes qui étaient le but de notre voyage. Ainsi, ajouta M. P***, ces lieux agrestes qui nous envoient des remparts contre la férocité de nos ennemis, renferment aussi les leçons d'un bonheur que nous avons besoin de ne pas connaître, pour pouvoir nous en passer. Cette remarque était juste, mais triste. Mon frère essaya de l'adoucir en disant : „Je crois que l'exemple du pasteur Oberlin essuyera plus de larmes, que les remparts de Strasbourg n'ont pu en épargner.“

Ces réflexions avaient un instant suspendu notre conversation. Nous ne la reprîmes que pour nous communiquer nos pensées sur la beauté des sites. De toutes parts nous apercevions des maisons de campagne, dont l'aspect annonce la prospérité et le bon goût; des touffes d'arbres d'un grand nombre d'espèces, ornés, en ce moment, d'un feuillage frais et animé; ici des troupeaux nombreux, là des moulins mis en mouvement par les eaux; des prairies immenses, de riches coteaux et la navigation du canal, qui donne à ce tableau une vie, une activité incroyables, au milieu du silence des champs.

Nous nous arrêtâmes à quelques pas du village d'*Achenheim*, pour voir défiler un troupeau, qui passait lentement sur un pont étroit et élevé, jeté sur le canal. Des acacias, des marronniers, une jolie maisonnette et le pont lui-même, composaient un paysage charmant; les vaches, de diverses couleurs, se succédaient rapidement, et se perdaient ensuite dans le village. Les génisses ou les jeunes taureaux, bondissant autour de leurs mères et essayant de forcer le passage, ajoutaient au mouvement de l'ensemble et nous intéressaient beaucoup. Nous vîmes passer ainsi plus de deux cents de ces animaux, que nul bouvier ne conduisait, que le seul instinct ramenait à l'heure accoutumée vers la demeure de l'homme.

M. P*** fit observer, que si les habitans du Ban-de-la-Roche avaient toujours été aussi dociles à la voix de la vertu, que ce troupeau l'était à la force de l'habitude, nous n'aurions pas aujourd'hui d'hommages à rendre à un homme vertueux. Mon frère qui aime les syllogismes, ajouta que s'il est vrai que l'indocilité et la corruption chez les uns, soient mères des vertus chez les autres, rien ne retrace plus les vices de l'humanité, que la présence d'un vertueux mortel. M. P*** cria au paradoxe; je demandai des développemens, et ces propos, le croirait-on, retournés dans tous les sens, repliés sur eux-mêmes, devinrent le principe de la gaîté de notre voyage. Je me mêlai aussi aux argumentations, et comme je n'ai pas une forte logique, je fis rire de moi, comme je riais des autres. Ces plaisanteries firent naître mille traits d'une philosophie à la fois divertissante et douce, et nous continuâmes notre pelèrinage dans les plus agréables dispositions.

Arrivés auprès du village de *Wolxheim*, renommé par la bonté de son vin, nous quittâmes le canal, pour suivre la route qui devait nous conduire à *Molsheim*, patrie de Westermann, bourreau de la Vendée, et je crois aussi de Kellermann, vainqueur de Valmy. A cent pas en deçà de Molsheim, nous aperçûmes un crucifix, beaucoup mieux fait que ne le sont, en général, dans les campagnes, ces sortes de monumens. Le fils de Dieu, détaché de la croix, repose sur les bras de deux femmes pieuses. On lit au bas : *Memento mori*, et cela, au sein d'un séjour délicieux; au mois de Mai, quand tout respire la vie et le bonheur; de telles oppositions ramènent l'homme tout entier vers son propre cœur. Je m'arrêtai pour me recueillir aux pieds du Christ et ne tardai point à rejoindre mes compagnons, qui par respect pour le motif qui suspendait mes pas, avaient poursuivi leur marche en silence.

Notre intention était d'aller passer la nuit à *Mutzig*, lieu célèbre par sa manufacture d'armes. Pour nous rendre à cette destination, nous prîmes à Molsheim un guide, qui nous fit gravir une côte assez forte, afin d'abréger le trajet. Il faisait nuit; ce fut le facteur de Molsheim qui dirigea nos pas. Cet homme, natif de Besançon, ancien soldat, brusque, franc, désintéressé, amusa beaucoup mon frère par la prolixité de sa conversation et les balourdises dont il entremêlait ses remarques. Il était laid à faire peur, c'était une vraie physionomie de brigand : il passe cependant pour être un honnête homme. J'ai lu dans certain chapitre du mémorial de S.te-Hélène, que Bonaparte avouait s'être si souvent trompé, en jugeant les hommes sur leur figure, qu'il avait renoncé à suivre cette méthode.

Nous marchions dans l'obscurité. Tout-à-coup mon cheval est effrayé et recule; nous en cherchons la cause, et nous voyons un homme couché en travers du chemin. Il était ivre; son ivresse était profonde; il lève la tête, nous regarde, se recouche et se rendort. „Telle est la vie, nous dit mon frère, de l'ivresse et des songes; je vois ici l'application d'une grande maxime philosophique.“

Nous couchâmes à Mutzig, chez une hôtesse, vieille, sententieuse et qui n'avait rien à nous donner.

Le voyage du lendemain nous causa des impressions différentes de celles de la veille. Nous étions au milieu des montagnes : quant à moi, d'une santé trop délicate pour me hasarder à gravir les hauteurs, je suivais à cheval le chemin tracé dans les vallons; mon frère et M. P*** atteignirent les sommets, et comme ils ne me perdaient point de vue, ils me faisaient des signes avec leurs mouchoirs et m'invitaient à les suivre. M. P*** entra dans la cabane d'un berger, où il acheta une énorme corne de bœuf forée, dont il se servit en guise de porte-voix. De cette manière nous entretînmes un colloque, dans lequel je m'exprimais par des gestes, ce qui divertissait beaucoup quelques montagnards, peu accoutumés à voir ainsi des amazones errer dans leurs solitudes.

Il est près de Mutzig une élévation que l'on nomme *Heiligenberg*, d'où l'on découvre un des plus beaux spectacles de la nature. M. P***, à l'aide de son porte-voix, m'en faisait un éloge si pompeux, que je ne pus résister au désir d'en jouir. Je confiai mon cheval à une jeune paysanne, et ces messieurs étant venus à ma rencontre, j'atteignis, non sans peine, le sommet du mont. La perspective qui s'offrit à mes regards, surpassa de beaucoup mon attente : une montagne agréablement boisée, attenant à d'autres montagnes qui se profilent, et sur chacune desquelles on aperçoit un village, grand, bien bâti, dont les toitures en tuiles, d'un rouge vif, sont propres à récréer la vue. Dans presque tous on voit un joli clocher, qui s'élève en flèche aiguë et qui envoie le son de plusieurs cloches, modulées en tierces, en sixtes, en octaves. Au pied de la montagne est la vallée de ce même torrent de la Bruche qui alimente le canal; le torrent roule, en serpentant, ses eaux limpides à travers de riches prairies; dans le fond, on aperçoit Mutzig, et, sur le dernier plan, des yeux exercés peuvent distinguer la tour du *Münster* de Strasbourg, l'une des merveilles du monde.

Nous admirâmes le beau chemin qui conduit d'Heiligenberg à *Urmatt*, où la langue française, substituée à la langue allemande, conserve pourtant un accent allemand. Nous entendîmes parler entièrement et nettement le français par les habitans de Lützelhausen, lieu renommé par l'humeur processive de ses bûcherons, qui font, disait M. P***, les fagots presqu'aussi bien que Sganarelle et les vendent beaucoup plus cher. Bientôt nous arrivâmes à *Viche*, commune partagée en deux par la délimitation départementale. La ligne de démarcation passe, en même tems qu'un joli ruisseau, sous l'arcade d'une fabrique de papier, en sorte que cet établissement appartient moitié au Bas-Rhin, moitié aux Vosges. De là, nous fûmes à *Schirmeek*, où nous dinâmes. Ce bourg a onze cents ames de population; c'est un lieu de passage pour le commerce des montagnes. Nous y vîmes une filature de coton qui appartient à M. Malapert. Le bâtiment a 125 croisées sur chaque grande façade; tout l'édifice a environ 300 fenêtres. La fabrique de M. Malapert est à Schirmeck ce que le *Münster* est à Strasbourg, c'est un colosse.

Notre aubergiste de Schirmeck était d'une humeur toute opposée à celle de l'hôtesse de Mutzig. Beau parleur, vif, ingambe, pirouettant sans cesse, tranchant, décidant, avec l'aplomb de la suffisance. Son hôtellerie est bien tenue et doit attirer les voyageurs.

Les gens de Schirmeck et de cette partie des Vosges paraissent être moins bons, plus rusés et plus spéculateurs que les Alsaciens.

Je n'ignore pas que ces détails passeront difficilement pour de la statistique. Mais j'aurais mauvais grâce à vouloir marcher sur les traces des savans écrivains qui honorent l'Alsace, en même tems qu'ils la font connaître. D'ailleurs les personnes qui désirent fixer leurs idées sur les beautés physiques de l'Alsace et sur les monumens que l'antiquité et le moyen âge lui ont laissés, doivent consulter les excellens écrits de M. Schweighæuser, correspondant de l'institut, l'un des hommes les plus savans de France. Celles qui n'ont point d'opinion déterminée sur la littérature alsacienne, en trouveront un aperçu tracé avec pénétration, bon goût et rapidité, par M. Matter. Je vais me hâter d'en revenir au vénérable Oberlin.

Nous dînions à Schirmeck dans une salle basse où étaient d'autres tables et d'autres voyageurs. Lorsqu'ils surent que nous allions payer notre tribut d'hommages au bienfaiteur du Ban-de-la-Roche, ils se hâtèrent de nous fournir des renseignemens sur cet apôtre de l'humanité, et quand nous nous levâmes pour nous mettre en route, l'un d'eux s'offrit de nous accompagner pendant une partie du chemin.

L'obligeance de cet homme fit plaisir à mon frère et à M. P***, mais elle m'inquiéta. L'individu qui offrait d'être notre guide, était de tous les convives que j'avais vus dans la salle, celui qui me plaisait le moins. C'était un grand garçon à face audacieuse, aux cheveux noirs, aux yeux enfoncés, aux formes athlétiques. Sa mise était celle d'un montagnard : un chapeau à grand rebord couvrait sa tête; sa main était armée d'un bâton ferré, l'ensemble de sa personne annonçait la pauvreté et l'habitude des fatigues. Je ne communiquai pas mes craintes; mais pendant la marche, j'avais soin de faire en sorte que mes protecteurs se tinssent constamment derrière lui, tandis que je le faisais parler. Mon frère s'aperçut de l'impression désagréable que me causait la présence de cet homme, mais ayant remarqué que mon interlocuteur commençait toujours ses questions en me nommant *sa belle dame*, mon frère me cria, que le talisman avait agi; et voilà les jugemens des hommes!

Nous passâmes par un village que l'on nomme *Rothau*. Notre guide nous y fit voir des mines de fer qui sont en pleine exploitation, et qui, selon lui, produisent une excellente qualité de ce métal. Cela nous conduisit à parler des forges de *Framont*, connues dans toute la France et que faute de tems nous ne pûmes point visiter.

Nous l'entretînmes ensuite du pasteur Oberlin. „Il doit être, lui dis-je, bien aimé dans le pays?“ „Oh sûrement!“ répondit froidement le montagnard. „Mais ne fait-il pas beaucoup de bien?“ „Oui, du bien et du mal.“ Cette réponse me serra le cœur; quelques momens après, notre guide nous quitta.

»Que pensez-vous,« dit M. P***, »de l'assertion de ce singulier personnage?« — »Que la terre est peuplée d'ingrats,« répliqua mon frère. »Ah! repris-je, l'opinion que j'ai de cet homme, me porte plutôt à croire, que l'exemple de la bienfaisance est un supplice pour les méchans.«

Nous nous appesantissions encore sur la difficulté de satisfaire en tout l'aveugle et exigeante humanité, lorsque nous fûmes joints par deux hommes, dont l'un parlait avec une grande vivacité. Les voyageurs dans les montagnes ne s'évitent point; ils demeurent ensemble, si la route qu'ils doivent parcourir est la même.

Nos nouveaux compagnons étaient l'un un chasseur, l'autre un petit homme dont je n'ai jamais pu connaître la profession, mais dans lequel, à son habit vert pomme, à son chapeau à flos de soie, à son langage cadencé et redondant, je crus reconnaître un maître d'école. Il paraissait d'ailleurs ne pas être sans instruction. Ces deux honnêtes créatures étaient de caractères bien différens. L'homme vert pomme, quelque chose qu'on pût lui dire, niait toujours. C'était le plus intrépide controversiste que j'eusse vu de ma vie. Le chasseur, au contraire, changeait d'avis, toutes les fois qu'on n'était pas du sien. Mon frère impatienté de l'impassibilité de l'un, et des interminables dénégations de l'autre, résolut, si c'était possible, de les mettre aux prises, afin de tirer quelque étincelle du choc de ces deux élémens hétérogènes. Il demanda au chasseur s'il y avait long-tems que le pasteur habitait le Ban-de-la-Roche? „ Cinquante ans, “ répondit-il. — „ Il y en a davantage, objecta l'argumentateur, car trente-cinq ans se sont écoulés depuis le jour où le bon père sauva la vie à ma sœur, lors du mariage de celle-ci au Ban-de-la-Roche, en 1789. L'époque est assez mémorable pour que je me la rappelle, et certes, alors il y avait plus de quinze années que le pasteur habitait la montagne. “ La discussion que mon frère avait espérée, n'eut pas lieu. Le pauvre chasseur convenait de tout et se taisait. Mais indépendamment de la question chronologique, ce qui semblait certain dans tout cela, c'est que le pasteur avait fait une belle action. J'en demandai le récit; l'homme vert ne se fit point prier et dit :

„ J'avais une sœur qui habitait Schirmeck; elle se nommait Juliette; je l'aimais tendrement;

mais elle n'est plus, Dieu l'a rappelée vers lui. Elle professait comme moi la religion catholique, et allait quelquefois au Ban-de-la-Roche, pour voir une tante qui partageait sa croyance et différait en cela du reste des habitans de ce canton, qui ont adopté le culte protestant. Juliette était jeune et jolie; elle toucha le cœur d'un jeune garçon qui la demanda en mariage et l'obtint. Elle s'établit avec son mari à Waldbach [1]), l'un des cinq villages qui composent le ban. C'est dans ce lieu que le bon père a fixé sa demeure [2]).

»C'était au mois de Septembre 1789; le troupeau du pasteur n'était point encore subjugué par ses bienfaits; à la rudesse du montagnard, il joignait la brutalité de l'ignorance. Le mari de ma sœur avait des ennemis, car il était riche et pacifique; c'était un double tort dans une contrée, où la civilisation ne s'était avancée que jusque-là où commence la science de la fraude et du brigandage. Les ennemis de mon frère

---

1) Les habitans du pays prononcent *Waldersbach.*

2) Ces cinq villages sont Fouday, Belmont, Solbach, Belle-Fosse et Waldbach; tous appartiennent à la même paroisse et sont du ressort du pasteur Oberlin.

l'accusèrent d'être un ennemi de la révolution; ils répandirent sur le compte de sa femme des traits aussi injurieux que mensongers, et surent en un mot, déguiser leur animosité secrète, sous le prétexte du bien public. Peut-être un zèle outré, à l'époque d'une fermentation générale, animait-il aussi leurs esprits.

„Une année s'était écoulée depuis le mariage de ma sœur. Elle était sur le point de devenir mère. Les méchans qui la haïssaient, ne respectaient pas même son état; ils ne cessaient de l'injurier, d'inquiéter son mari, soit dans ses travaux champêtres, soit dans les diverses transactions qu'il était dans l'obligation de conclure. Néanmoins, Juliette mit au jour une fille charmante, et il fut décidé qu'on la ferait baptiser à Schirmeck, par un ministre de l'église romaine.

„Ce fut alors que l'odieux complot ourdi contre ma sœur et son époux, fut près de recevoir son exécution. Ils devaient se rendre à Schirrmeck et présenter leur enfant au baptême; mais mon beau-frère, heureusement informé du dessein que ses ennemis avaient conçu, de l'attendre ainsi que sa femme sur la montagne et de les maltraiter, alla trouver le bon père et lui fit part de ses appréhensions. „„Mon ami, lui dit le pasteur, Dieu protège le juste et punit le méchant; mettez-vous sous la protection du Très-Haut, ayez confiance, et marchez avec moi, sans crainte et sans reproches.““

„Juliette et son mari se mirent en marche. Leur pauvre enfant qu'ils portaient alternativement, souriait aux auteurs de ses jours, et recevait du sein maternel sa première nourriture. Le pasteur allait devant; nulle émotion n'altérait la sérénité de son noble visage. Quelquefois il se retournait pour adresser à Juliette des paroles consolantes; il relevait le courage du mari et portait une main caressante sur la joue du nourrisson.

„Lorsque la petite caravane fut parvenue au détour d'une forêt, où l'on pouvait craindre les effets d'une embuscade, le pasteur se mit à genoux, étendit ses mains protectrices sur les jeunes époux, et s'écria d'une voix forte qui fut répétée par les échos de la montagne: „„Grand Dieu, tu vois le crime qui veille et qui conspire; tu vois l'innocence en alarmes. Dieu puissant, écarte le danger, ou donne à tes enfans la force de le surmonter.““

„Le ministre cessait de parler, quand plusieurs

hommes cachés derrière un bosquet de hêtres, quittent le bois, se montrent à découvert, et accourent, en jetant des cris menaçans, vers ceux que leur haine a choisis pour victimes. La pâleur de la mort se répand sur le visage de Juliette; le mari se dispose à disputer chèrement la vie de sa fille. Mais le pasteur, intrépide et calme, marche au devant des criminels, non pas en suppliant, non point en adversaire, mais en maître plein de clémence, tout prêt à pardonner aux passions qu'il condamne. Il tient sur ses deux mains l'enfant de la craintive Juliette, et le présente aux assassins. „Eh quoi! leur dit-il, quelle appréhension vous arrête? Vous suspendez les coups qui préparaient la mort! d'où vient tant de faiblesse? d'où vient une si lâche pitié? Le voilà, cet enfant, qui vous a fait tant de mal, qui trouble la paix de vos jours!“ Les ennemis de ma sœur restent confondus, ils ne s'attendaient point à la présence du pasteur. „Que faites-vous? reprit l'homme de la bienfaisance, pourquoi cacher dans vos mains votre visage couvert de honte? mes amis, votre pasteur est-il donc si terrible? n'a-t-il consacré tant d'années de sa vie à vous soulager dans vos misères, que pour vous voir trembler devant lui?“

„Le bon père se tait; il voit à ses genoux les ennemis de Juliette. Son aspect imposant a désarmé le crime. Tous vaincus par le repentir, sollicitent l'oubli de leur égarement et le pasteur en les quittant leur dit : „„Mes enfans, souvenez-vous du jour de la montagne, si vous voulez que je l'oublie.““

Ce récit m'attendrit et changea mon opinion sur le compte du narrateur. Ses discours et la singularité de ses manières s'accordaient si peu, que je voulus l'interroger sur son état, sur sa vie, sur sa famille. Il ne me fut jamais possible d'en rien obtenir. Pour surcroît de contrariété, le chasseur ne tarda point à prendre un autre chemin que celui que nous suivions, en sorte que ma curiosité ne put être satisfaite.

Je continuai à entretenir ce brave homme du pasteur Oberlin. „Nous avons quitté, lui dis-je, il y a quelques instans, un montagnard qui nous a, comme vous, parlé du vénérable ministre. Mais il s'est permis une réflexion qui m'a peinée. Je lui demandais s'il n'était pas vrai que les soins du bon père eussent produit dans le pays un bien considérable, et il m'a répondu négligemment : „„Oui, du bien et du mal.““ Expliquez moi cela.“

L'homme reprit : „Il y a dans le pays un préjugé qui n'existe point dans les villes. Vous jugerez s'il est funeste ou favorable. Beaucoup de gens sont d'opinion que l'argent acquis autrement que par le travail, est mal acquis. Le pasteur, dont l'ame généreuse ne résiste point à l'attrait de s'unir aux misères d'autrui, est informé de toutes les infortunes et ses revenus suffisent à peine à leur soulagement. Lorsqu'un laboureur est malade, il lui ouvre sa bourse; lorsqu'une femme est délivrée du premier fardeau de la maternité, il ne veut pas qu'elle s'expose trop tôt à l'intempérie des saisons et lui fournit les moyens de se passer pendant quelque tems du produit d'un travail pénible; s'il manque à deux jeunes époux les plus indispensables nécessités d'un ménage, quelque instrument pour l'exercice de leur industrie, ils les trouvent dans la maison du pasteur. De là vient que des hommes peu clairvoyans ont accusé le mortel le plus doué du génie de la bienfaisance, de créer des paresseux par ses largesses.«

M. P*** fut indigné de tant d'ingratitude; mon frère, lui frappant sur l'épaule, lui répéta ces vers de La Fontaine :

Voilà le train du monde et de ses sectateurs;
On s'y sert des bienfaits contre les bienfaiteurs. [1])

Enfin nous arrivons au haut d'une colline, d'où la vue peut embrasser toute la vallée de Waldbach. Ce modeste asile de la paix et des bonnes mœurs est situé dans un enfoncement. Les quatre autres villages dont j'ai parlé, couronnent les hauteurs environnantes et semblent destinés à veiller sur le centre commun de leur prospérité.

C'était le jour de l'Ascension; toute la population du Ban-de-la-Roche se rendait à Waldbach, pour assister à des jeux publics et salutaires, institués sous l'influence du pasteur, par un fabricant du pays, nommé M. Legrand. Ces jeux sont célébrés sur le plateau d'un monticule, où se trouve une énorme roche, qui a donné son nom au canton. Au pied de ce rocher toute la population se rassemble, et les jeunes garçons luttent d'agilité dans les exercices et de vîtesse dans la course, en présence d'une nombreuse réunion de spectateurs. Cette institution utile et touchante offre à elle seule, le résultat complet des soins du pasteur, tant il

1) La forêt et le bûcheron. L. XII. Fab. 16.

est vrai que les effets de la morale publique se manifestent dans presque toutes les circonstances de la vie. Il règne, parmi les concurrens, une émulation qui ne dégénère point en jalousie, parce que les récompenses sont toujours décernées avec une équité qui ne laisse point au vaincu de doute sur la supériorité du vainqueur. Les spectateurs expriment leur joie ou leurs regrets, avec une retenue, une décence, qui ne laisse point d'accès aux vociférations familières aux gens du peuple. Les femmes vêtues avec élégance et simplicité, sont en général fort jolies; mais elles conservent une modestie que les hommes respectent, et nulle inconvenance ne se fait sentir dans le mélange confus des deux sexes.

Une jeune fille d'une physionomie très-agréable, que je distinguai dans la foule et à laquelle j'adressai la parole, me dit: „C'est bien dommage que le bon père soit si vieux. Il ne peut plus venir à la fête. Il faut voir comme chacun se comporte, lorsqu'il est là. On redoute de lui déplaire et surtout de le fâcher, car il est le chef et le protecteur de la contrée. Nous l'aimons tous comme il nous aime.“ Je lui répondis: „Nous savons bien à Strasbourg, combien votre ministre est digne de respect et d'amour. Je suis partie, avec ces deux messieurs que vous voyez, exprès pour venir le voir.« „En ce cas, reprit la jeune fille avec un sourire plein de douceur, votre présence lui fera plaisir. Il aime beaucoup les étrangers et les reçoit toujours avec joie. Vous le trouverez chez lui, je pense; car il ne sort plus que rarement; il a besoin de repos.«

Nous retournons sur nos pas et bientôt, nous sommes dans le village de *Waldbach*, qui se distingue de tous ceux que nous avions vus jusqu'alors, en ce que les maisons y sont couvertes en chaume, au lieu de tuiles. Nous cherchâmes pendant quelques instans, une habitation qui surpassât les autres par un peu d'apparence. Ce fut inutilement. Il n'y a point à *Waldbach* une seule marque de distinction. Une bonne vieille assise devant sa chaumière, nous indiqua la demeure du ministre. Nous frappons. La porte nous est ouverte par une femme âgée d'environ quarante-cinq ans. C'était la fille d'Oberlin. Son costume, en tout semblable à celui des paysannes et qui surtout se rapproche de celui de sa servante, contraste avec l'élégance de ses manières et la pureté de son langage. Nous demandons le pasteur. „Messieurs, dit-elle, vous ayez du malheur; voici huit jours qu'il n'était sorti, et il quitte à l'instant la maison pour aller voir un malade qui l'a fait appeler. Mais entrez, asseyez-vous; il ne tardera point à revenir.«

Madame *Graff*, c'est ainsi que se nomme la fille du pasteur, nous tint compagnie, en attendant le retour de son père. La servante, qui habite avec ses maîtres depuis plus de trente ans, entra dans la salle et s'assit familièrement auprès de nous. Elle salua avec politesse et ne craignit point de mettre de tems à autre, son mot dans la conversation. Sa maîtresse ne l'appelle jamais autrement que sa chère Louise, et quand la servante parle du ministre, elle ne dit pas, *Monsieur* demande telle chose, mais, *le cher père* demande telle chose. On remarque dans cette maison une unité de bonheur et de sentiment, qui fait penser, malgré le siècle, au premier livre du poëme de Gessner.

Le spectacle de ces mœurs patriarchales causa à mon frère et à M. P***, une impression qui réfléchit sur moi. Nous nous regardons, et une larme s'échappe de mes yeux. Madame Graff, dont l'esprit est plein de finesse, voulut bien ne pas s'en apercevoir, et continua à nourrir l'entretien avec un charme inexprimable.

Cette femme intéressante passe sa vie à prodiguer à son vieux père les soins les plus assidus. Son mari, également ministre de la religion, partage les travaux du vénérable Oberlin. M. Graff sauvera la transition cruelle dont la mort semblait devoir menacer le troupeau; il a déjà fourni une carrière pleine de vertus pendant les douze années de son ministère évangélique, dans la colonie allemande de Sarepta.

Je demandai à Madame Graff, quel âge avait le pasteur. „Il est, me répondit-elle, sur le point d'achever sa quatre-vingt-quatrième année. Il serait tems qu'il se reposât. Mais son cœur est brûlant encore de toute l'ardeur de la jeunesse. Il veut gravir les montagnes, sortir par toutes les saisons. Il y a quinze jours qu'il est allé jusqu'à Belmont, pour y voir, dit-il, ses amis et leur enseigner la parole de Jésus-Christ; cette course l'a beaucoup fatigué. Parvenu au tiers de la montée, il eut le malheur de mettre le pied dans un creux, que sa vue affaiblie ne lui permit pas d'éviter. Il tomba, et n'ayant pu réussir à se relever, il prit le parti de s'asseoir et d'attendre patiemment; que deux villageois, venant à passer, l'aidassent à gravir jusqu'à Belmont.

Je vis suspendus à la muraille, deux portraits de profil, en blanc, sur un fonds noir et renfermés dans un même cadre. Madame Graff nous dit que c'étaient ceux du pasteur et de sa femme, morte depuis quarante-deux ans. Le souvenir de Madame Oberlin est encore profondément gravé dans la mémoire de son époux. Souvent, la nuit, il se réveille, agité par des songes pénibles. Son esprit est frappé. Il croit revoir auprès de lui la compagne de sa jeunesse. Il lui tend les bras, s'efforce de la presser contre son sein et lorsqu'il revient de son erreur, il ne peut être soulagé de l'amertume de ses regrets, qu'après avoir versé des larmes abondantes.

Nous passions en revue, avec un intérêt difficile à dire, tous les objets qui meublent cette chambre. Sur la table est une bible, dont madame Graff lit tous les soirs plusieurs passages en commun. Entre les deux fenêtres qui donnent sur le jardin, se trouve un clavecin déjà vieux, et sur lequel le pasteur repasse les chants sacrés qu'il entonne dans le temple, et que ses paroissiens répètent en partie, avec une justesse qui dénote la grande habitude qu'ils en ont. A droite sont des tableaux de famille, que le tems n'a point respectés. A la partie intérieure de la porte, est attaché le sermon de Jésus-Christ sur la montagne; à gauche est placée une horloge de campagne, dont le balancier, par son bruit uniforme, fait ressortir le silence de la paix qui règne dans toute la maison.

Tandis que nous examinions ainsi en détail ce séjour de la plus pure felicité, nous entendîmes du bruit à la porte. C'était le pasteur qui rentrait.

Je m'étais attendu à voir paraître un homme courbé sous le poids des années. Quelle fut ma surprise, lorsque j'aperçus un vieillard droit encore et plein de vigueur, d'une physionomie remplie, tout à la fois, de noblesse, de douceur et de vivacité. Il s'avança d'abord sans nous voir, parcequ'il passait immédiatement de la lumière du soleil dans un appartement qui ne recevait qu'un demi-jour. Mon frère s'approcha, et lui dit qu'il venait de Strasbourg avec sa sœur et son ami, pour acquitter envers lui son tribut de vénération. » Ah! pardon, s'écria le pasteur en tendant la main à mon frère, je ne vous voyais pas; mes yeux sont faibles et le soleil ne se gène point pour moi.« Dès qu'il m'aperçut, il se tourna vers M. P*** et lui demanda si j'étais sa femme? Quand il sut que je n'étais pas mariée, il me dit, en me serrant amicalement le bras: »Hâtez-vous de prendre un mari; une jeune fille qui fait dix lieues pour voir une chaumière et un vieux prêtre, sera quelque jour une excellente épouse.« Le pasteur, sans plus de préambule, entra en conversation. »Oui, mes amis, ajouta-t-il, j'ai bonne opinion de tous ceux qui viennent me voir; si je vaux moins que ma réputation, ils ne le savent point avant de me connaître: et quiconque recherche un honnête homme qui n'a rien à donner, est pour le moins aussi honnête que lui.«

Après quelques réflexions de cette nature, toutes émises avec une extrême bonhomie, le pasteur nous fit servir du laitage, du vin et des gâteaux; il voulait que nous restassions chez lui jusqu'au lendemain, mais notre projet étant de nous rendre à Barr le même jour, nous nous bornâmes, malgré ses instances, à une simple collation.

Il nous fit passer dans la bibliothèque, située au premier étage. J'admirai l'aplomb avec lequel il montait un escalier assez rapide et je lui en marquai mon étonnement: „*Potzhundert-tausig* [1]), ma chère enfant, reprit-il, avec une satisfaction de vieillard; c'est que je n'ai jamais dit: qu'importe que je vive longtems pourvu que je vive beaucoup. La vie ne ressemble point à la plupart des choses de ce monde; sa bonne qualité ajoute à la quantité!« Le luxe ne règne point dans la bibliothèque du pasteur, mais le bon choix des livres. Il possède une assez grande partie de ce que les littératures française et allemande offrent de plus précieux. Je vis sur une table, un volume de Gœthé et les œuvres spirituelles de Fénélon; sur une autre, un évangile selon S.t Matthieu. Ce dernier ouvrage était ouvert. J'avais le plus vif désir de connaître l'histoire du pasteur, les moyens qu'il avait employés pour civiliser la peuplade et les obstacles qu'il avait dû surmonter; mais je n'osais lui en demander le récit. Je le dis à mon frère, qui se chargea de solliciter cet acte de complaisance. „Mon ami, reprit le pasteur, ma vie serait peu de chose dans un roman; elle serait perdue dans l'histoire;

---

1) Expression énergique allemande dont le pasteur se sert fort souvent; c'est presque le *morbleu* des français.

que peut-il se passer d'intéressant pour des gens du monde, dans un lieu où les lettres, les beaux-arts, et les grandeurs d'ici-bas, sont tout-à-fait étrangers.«

„Vénérable ministre, me hâtai-je de répliquer, vous voyez bien que nous ne sommes pas des gens de ce monde dont vous parlez. Je crois que nous sommes dignes de vous entendre.« Le pasteur sourit et me dit : „Je serais fâché de vous laisser croire, ma belle enfant, que je ne vous en juge pas digne. Il faut donc vous satisfaire.« — Alors il jeta les yeux sur le livre évangélique et nous dit : *Soyez les enfans de votre père qui est aux cieux, car il fait lever son soleil sur les méchans et sur les gens de bien, et il envoie sa pluie sur les justes et sur les injustes.* [1]) Pourquoi, mes enfans, ne ferions-nous pas comme Dieu notre père? quel exemple plus solemnel pourrait guider les hommes ici bas? Je ne vous parle ainsi, que pour vous faire mieux apprécier les principes qui m'ont dirigé dans le soin de mon troupeau. Écoutez.«

Après nous avoir fait assoir, le pasteur continua : „Il y a environ trois quarts de siècle,

1) Sermon de J. C. sur la montagne. Chap. V. Vers. 45.

que l'on connaissait à Strasbourg, un jeune garçon nommé *Fritz*, dont la pétulance était extrême; il se faisait surtout remarquer par son humeur martiale. Sans cesse au milieu des soldats, ne manquant point une revue, il marchait devant les tambours, imitait le bruit des fanfares et avait fini par obtenir la permission de se mêler aux manœuvres des troupes, sans cependant qu'il fît partie d'aucun corps.

» Ces mouvemens enfantins d'un belliqueux enthousiasme duraient encore, lorsque vint le moment où Fritz devait commencer le cours de ses études. Son père l'envoya au Gymnase [1]), et veilla sur son éducation. Notre étourdi se trouva d'abord malheureux de la contrainte des classes; mais comme il était sensible aux reproches, il finit par s'adonner au travail avec une ardeur quelquefois outrée, qui accompagnait presque toutes ses entreprises.

» L'étude de la théologie n'avait pu modérer son goût pour le métier des armes; il ne rêvait

---

1) Le Gymnase, école ecclésiastique secondaire du culte protestant, est l'établissement littéraire le plus ancien de la ville de Strasbourg. Il fut fondé au commencement du seizième siècle.

(*Extrait de l'annuaire du département pour* 1824).

que siéges et batailles; le bruit du canon agitait son jeune cœur; la vue d'un drapeau exaltait son imagination; il lisait Plutarque avec passion; Alexandre naissant, il dévòrait Homère, et craignait de voir paraître, avant lui, sur la face du monde, un héros qui ne laissât plus de pays à conquérir.

» Malgré ces dispositions guerrières, Fritz poussé par la nécessité d'embrasser un état, résolut de se vouer au culte des autels. Mais lorsqu'il fut reconnu apte à être nommé pasteur, il n'avait point encore mesuré toute l'étendue des devoirs d'un ministre; il n'y voyait, ainsi que la plupart des jeunes gens, que des formes à observer, et nul théâtre propre au développement d'un caractère insatiable d'action.

» Le grand épisode de la vie, l'amour, devait tenir sa place dans l'histoire d'un être aussi passionné. Fritz fut subjugué par les vertus plus encore que par les charmes de celle qu'il devait un jour unir à sa destinée; il aima, et l'état de son cœur ne fut point favorable aux progrès de ses connaissances ecclésiastiques. La maîtresse de ses pensées estimait dans un homme un profond savoir, jointe à de nobles sentimens; Fritz n'espéra lui plaire que par de grands efforts pour se rendre tel qu'elle pouvait désirer qu'il fût. Il employa tout le tems qu'il ne pouvait consacrer à la voir, à étudier les sciences et les lettres. Plusieurs années s'écoulèrent ainsi. Il répara l'insuffisance de ses travaux passés, et par une persévérance plus digne encore de celle qu'il aimait, il livra les plus rudes combats à ses passions, à ses emportemens; la seule trace qui restât de sa bouillante jeunesse, était une force d'ame à l'épreuve de toutes les vicissitudes.

» Enfin arriva l'heureux jour où fut célébré le mariage de Fritz. Jamais bonheur ne fut égal au sien. Son existence, comme resserrée sous l'enveloppe d'un sentiment unique, avait acquis une énergie qui chez un autre se serait manifestée par les plus incroyables transports. Les yeux fixés sur son épouse adorée, il craignait de ne plus la retrouver, si d'un instant il la perdait de vue. Un mot, un seul mot sorti de sa bouche, était pour lui l'autorité la plus auguste; il nourrissait, dans son esprit, des projets de retraite, de solitude; il ne connaissait plus de bonheur sur la terre, s'il ne venait de celle dont il était parvenu à mériter et la main et le cœur.«

En prononçant ces paroles, le vieillard s'était levé de son siége; ses regards avaient pris le caractère de la passion; son teint plus animé déguisait les empreintes des ans répandues sur son visage; sa contenance, son langage, la force des sentimens qu'il exprimait, tout en lui faisait oublier et son âge et la prochaine extinction du feu sacré qui brûlait dans son sein.

„Mais, mes amis, continua-t-il en se remettant, à quel excès de faiblesse m'abandonnai-je devant vous! Ce Fritz, ce vieux Oberlin, loin de se laisser aller à des regrets trop amers, ne devrait-il pas se souvenir que les arrêts de Dieu sont immuables et que sa volonté est toujours juste. Je vais prendre sur moi, de vous faire le récit des changemens qui s'opérèrent dans mon être intellectuel, par la seule influence de ma compagne. “

„Le pasteur auquel je succédai, il y a plus d'un demi-siècle, venait de quitter le Ban-de-la-Roche. On me proposa sa place. J'en causai avec ma femme, qui me fit apercevoir le vaste champ de réflexions que j'aurais dû avoir plutôt parcouru, en déployant devant moi le tableau des obligations que la conduite d'un peuple encore à moitié sauvage allait m'imposer. “

» Nous vînmes nous établir à *Waldbach*. Nous y trouvâmes tout à créer. Mon prédécesseur, il est vrai, était un homme de bien; il avait commencé la grande œuvre. Persuadé que c'est à la faveur des maximes religieuses qu'il faut viser à des conquêtes morales, il les enseigna à ceux que déjà il considérait comme ses enfans. En outre, il leur apprit à psalmodier avec décence et harmonie, les hymnes adressés au Seigneur. Mais des intérêts de famille, l'impérieuse nécessité, l'obligèrent à s'éloigner et il ne put achever de mettre à exécution, le plan de réforme qu'il avait conçu.

» Je demeurai donc chargé de la périlleuse entreprise de civiliser une population indocile et imbue de principes vicieux. J'avais alors trente-trois ans.

» Après m'être concerté avec ma compagne sur la marche qu'il convenait de suivre, il fut décidé qu'elle se chargerait de la distribution des secours, surtout de ceux destinés aux personnes de son sexe. Pour moi, je mis dans mes attributions toutes les relations avec les hommes et le soin des intérêts généraux de la population, l'instruction à propager, les différens à terminer par voie de conciliation, la correspondance avec diverses sociétés de bienfaisance du Royaume et la comptabilité des ressources pécuniaires. «

» Lorsque ces premières dispositions furent établies, je songeai à la réforme morale. Un point auquel je m'attachai particulièrement, fut celui de l'extinction des haines intestines que ce peuple grossier nourrissait depuis longtems. Je fis entendre la parole de Dieu. Mais dans le commencement, ma position fut d'autant plus difficile, que je devins moi-même le point de ralliement d'un parti et l'objet de l'animadversion de l'autre. Ce rôle ne pouvait convenir au caractère dont j'étais revêtu. Ma femme me fut d'un grand secours dans cette occasion. Elle me dit: »» Nous avons porté, jusqu'à présent, une main secourable chez tous sans distinction; il me paraît nécessaire aujourd'hui, de sacrifier pendant quelque tems une partie de cette stricte équité, à la nécessité de réunir les esprits. Nous n'avons que faire de nous concilier davantage ceux qui déjà nous sont acquis; il est utile, au contraire, de ramener ceux qui nous sont défavorables. Pour y parvenir, accordons-leur un surcroît de bienfaits. Peut-être les autres y trouveront-ils un léger préjudice; mais il finira par être profitable à tous, si nous réussissons à substituer, par notre exemple, la tolérance aux effets de la jalousie et de la division des partis.«‹

„Ce plan fut adopté et suivi avec activité et persévérance. Nous parvînmes à calmer la fermentation, mais non point à l'étouffer. Ceux qui dès le principe s'étaient déclarés les amis de leur pasteur, furent jaloux des sacrifices qu'il avait faits en faveur du parti contraire. A leur tour, ils se montrèrent indociles à ma voix, et comme j'apportais une grande sévérité dans tout ce qui avait rapport au maintien des bonnes mœurs et à l'obéissance aux lois, ils qualifièrent mes intentions de tyranniques et résolurent de se venger.

„Un complot se forma. Il ne s'agissait de rien moins que de me tendre un piège et de me faire essuyer, dans un lieu écarté, des traitemens fort rigoureux. Ce plan me fut divulgué.

„J'aurais pu implorer l'assistance de l'autorité et opposer la force à la force, mais je préférai une voie plus digne d'un ministre de la religion.

„Un dimanche, lorsque tous mes paroissiens étaient rassemblés dans le temple, je prononçai un sermon sur ce texte tiré de la sainte Écriture:

»»*Si quelqu'un te donne un soufflet, présente-lui encore l'autre joue.*«« Quand le sermon fut terminé, je me retirai chez moi et j'en sortis à une heure indiquée, pour entrer dans une maison où se tenait le conciliabule ennemi; douze ou quinze personnes étaient en délibération; je m'avance et après avoir ôté tranquillement mon chapeau, je dis: Je suis instruit, messieurs, du dessein que vous avez, d'exercer envers moi des actes que vous croyez être de toute justice. Je n'ose moi-même décider, si votre projet est équitable; peut-être, sans m'en apercevoir, me suis-je rendu coupable; l'homme se trompe facilement sur son propre compte. Mais je m'en rapporte aux règles de conduite que je vous ai tracées, depuis que j'ai été appelé parmi vous. N'en ai-je point été le plus fidèle observateur? Si vous ne le pensez pas, punissez-m'en; je me livre à vous; j'ai désiré vous épargner la bassesse d'un guet-apens.

» Ce moyen me réussit au-delà de mes espérances et depuis lors je ne comptai plus ni partisans, ni ennemis. Tous se réunirent sous la même bannière et il me fut possible de faire marcher à grands pas le plan de réforme commencé. Dieu, comme satisfait de mes efforts pour ramener à lui des enfans qui s'égaraient encore, semblait se plaire à m'adresser des ressources pour faire triompher les divins principes du christianisme.« —

„Un jour que je travaillais dans ma bibliothèque, j'entendis une grande rumeur dans le village. Je me hâte de descendre, et j'aperçois un étranger que presque toute la population poursuivait en l'accablant d'injures. Je perce la foule, et dès que l'on s'aperçoit de ma présence, le cri, *c'est un juif, c'est un juif*, retentit de toutes parts. Je fais un signe de la main pour que l'on m'écoute et je répète à haute voix ces paroles que j'ai citées avant de commencer ce récit: *Soyons les enfans du Seigneur, qui fait briller son soleil sur le bon et sur le méchant.* M'approchant alors du juif tremblant, je charge sur mes épaules le fardeau de marchandises qu'il portait, et je le conduis, en le tenant par la main, jusques à ma demeure.

„ C'est par de semblables exemples, que je parvins, peu-à-peu, à inspirer à mes paroissiens ces sentimens de bienveillance pour le prochain, qu'ils manifestent aujourd'hui. Mais ce n'est que par une longue persévérance, que j'ai pu obtenir des résultats sensibles.«

„ Le Ciel, pour éprouver sous doute ma constance, me ravit l'épouse chérie qui faisait le charme de mes jours et dont la présence eût suffit seule, pour me soutenir dans ma difficile entreprise. Je ne vous peindrai point ma douleur; il m'est impossible de m'appesantir d'avantage sur cette triste époque de ma vie.

„ Après la mort de ma femme je concentrai mes plus chères affections sur les enfans qu'elle m'avait laissés. En mémoire d'elle, je redoublai d'efforts pour réaliser l'espérance qu'elle avait conçue de l'entière civilisation de mon troupeau. Malgré les difficultés que m'opposa la tourmente révolutionnaire, j'étendis au loin mes relations, soit avec les sociétés savantes qui s'occupent des progrès de l'agriculture, soit avec les administrateurs ou les magistrats dont l'appui m'était nécessaire. Le Créateur a béni mon zèle; il a sanctionné mes actes en m'accordant une longue carrière. Mon terme approche maintenant; ma main défaillante ne peut suivre les mouvemens de mon cœur; mes genoux fléchissent sous moi; mes pas mal assurés ne me conduisent que lentement vers la chaumière du malheureux; mais mon exemple restera; c'est l'héritage que je laisse à mes enfans.«

Le ministre se tut; notre silence peignait notre émotion. Lui-même, l'œil fixé sur le sol, demeure quelque tems immobile; il semblait caresser une triste pensée. Sans doute le souvenir d'un de ses fils, sur lequel il fondait son espoir, se retraçait alors à son esprit, en même tems que celui de madame Oberlin. Enfin il se leva et quand il nous eut embrassés, nous prîmes congé de lui et continuâmes le cours de notre voyage, avec un guide qu'il nous avait donné.

» Dès que nous nous fûmes remis en chemin, M. P*** nous dit: „Le pasteur a satisfait, en homme qui craint de se vanter, à votre désir de connaître l'histoire de sa vie. Mais à présent que vous l'avez vu, à présent que vous avez été témoins du spectacle d'une constante vertu récompensée par un bonheur si rare, je veux augmenter encore votre admiration, en vous offrant des détails que peut-être vous ignorez.

» Oberlin, en arrivant au Ban-de-la-Roche, commença par s'occuper de l'instruction primaire. Il avait trouvé des maîtres d'école manquant de toutes connaissances, même de celles de lire couramment et d'écrire en caractères lisibles. Il les instruisit et composa ensuite des livres élémentaires, qui renfermaient les premiers principes d'une bonne agriculture. Lorsqu'il eut obtenu, en ce point, quelques succès, il donna lui-même, avec une patience, une persévérance vraiment évangéliques, des leçons de chant, de botanique usuelle, de physique applicable aux travaux de la campagne, de chimie pharmaceutique, aux plus intelligens d'entre les élèves. Il trouva aussi moyen, sans gêner les soins de l'agriculture, de leur enseigner la grammaire, la géographie, l'arithmétique et l'histoire sainte. Il imprima aux écoles organisées une marche régulière, tint les instituteurs en haleine et monta, pour le Ban-de-la-Roche, une bibliothèque d'enfans, destinée aux lectures privées pendant les soirées d'hiver.

» Sentant la nécessité d'établir des relations entre la contrée et les pays circonvoisins, il excita ses paroissiens à le seconder dans la construction de plusieurs routes. La pioche sur l'épaule et une boîte remplie de poudre à canon suspendue à son cou, il marchait le premier, taillait dans la pierre et faisait sauter les rochers que la main des hommes ne pouvaient déplacer. Son exemple produisit un enthousiasme général; chacun se fit un devoir et un honneur de seconder les efforts du pasteur. Il jeta un pont sur la Bruche, dans un ban étranger; envoya dans les manufactures des environs les enfans de ses paroissiens, qui se livrèrent dès lors à la filature du coton. Une seule maison de commerce valut en une bonne année au Ban-de-la-Roche et à ses environs, une recette de 32,000 francs pour gages de filature. Il fit apprendre à plusieurs jeunes garçons les métiers de maçon, de menuisier, de vitrier, de charron; les habilla et paya leur apprentissage à l'étranger. Cette sage mesure procura aux cultivateurs tous les instrumens dont ils manquaient, et qu'ils purent acquérir dès lors au prix de fabrique et à crédit.

Il leur enseigna la culture des herbes artificielles, l'économie du fumier qu'ils ignoraient totalement; planta des pépinières et instruisit lui-même dans l'art de greffer les arbres fruitiers. Il établit une société d'agriculture, qu'il mit en rapport avec celle de Strasbourg; fit venir à ses frais une pompe à incendie; mit en usage ses connaissances médicales pour détruire des pratiques superstitieuses, funestes à la santé publique; envoya à Strasbourg plusieurs femmes, qui étudièrent l'art de l'accouchement; créa une caisse d'emprunt, pour les avances nécessaires à l'acquisition des instrumens aratoires et pour la distribution des aumônes qu'il établit d'après une échelle graduée sur les besoins.

„Toutes ses institutions ne lui faisaient point négliger ses fonctions pastorales, et c'est à sa grande activité dans cette partie importante de ses occupations, qu'est dûe l'extrême douceur et la grande pureté de mœurs que l'on remarque aujourd'hui parmi les habitans du Ban-de-la-Roche.

„Je ne puis entrer ici dans le détail de mille circonstances qui pourraient exciter votre intérêt, mais j'ajouterai qu'il mit le comble à ses bienfaits, en terminant, avec le secours de M. de Marnésia, préfet du Bas-Rhin, un procès qui ruinait ses paroissiens et qui depuis vingt ans avait entretenu les esprits dans une continuelle agitation. Le jour même où fut passé l'acte qui mettait fin à ce procès, M. de Marnésia envoya au pasteur la plume avec laquelle cet acte avait été signé. C'est à côté de cette plume pacifique, que fut placée la médaille d'encouragement, décernée au pasteur par la Société royale d'agriculture. Quelque tems après, le vénérable Oberlin obtint la décoration de la légion d'honneur. «

M. P*** nous donna encore beaucoup de détails sur cet homme vertueux; mais comme je les ai trouvés depuis consignés dans le rapport de M. le comte François de Chateauneuf, publié en 1818, je crois superflu de les répéter ici.

J'ai lu aussi ce qu'ont écrit sur le Ban-de-la-Roche et sur le régénerateur de ce canton, Madame Guizot et M. le chevalier Paul Merlin. Tous deux ont mieux que moi, rempli la tâche qu'ils s'étaient imposée. Puisse l'homme de bien qui les lira, sentir son ame émue, et devenir jaloux d'acquérir à son tour la célébrité de la vertu.

www.ingramcontent.com/pod-product-compliance
Ingram Content Group UK Ltd.
Pitfield, Milton Keynes, MK11 3LW, UK
UKHW032003260826
14628UKWH00005B/2266

9 782019 656003